Der Arena LeseStier
Sachgeschichten für Erstleser

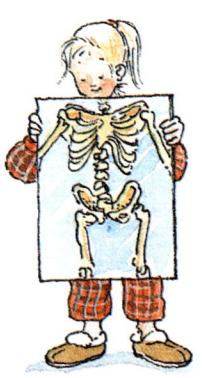

Cornelia Ziegler,
Jahrgang 1963, studierte Germanistik und Anglistik.
Nach einer mehrjährigen Tätigkeit als Redakteurin bei einer Kinderzeitschrift
arbeitet sie seit 1994 als freie Journalistin und Kinderbuchautorin in Köln.

Angela Weinhold
studierte Grafik-Design und arbeitet seit über zehn Jahren
als Kinderbuchillustratorin.

Cornelia Ziegler

Das will ich wissen
Mein Körper

Mit Bildern von
Angela Weinhold

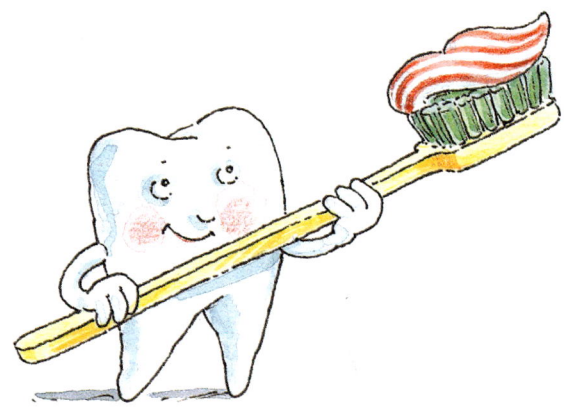

In neuer Rechtschreibung

3. Auflage 2001
© 1998 by Arena Verlag GmbH, Würzburg
Alle Rechte vorbehalten
Einband und Innenillustrationen: Angela Weinhold
Reihengestaltung: Karl Müller-Bussdorf
Gesamtherstellung: Westermann Druck Zwickau GmbH
ISBN 3-401-04712-4

Inhalt

Eine Reise durch den Körper

Es ist heller Morgen.
Anne liegt im Bett.
Sie geht heute nicht zur Schule.
Anne ist nämlich krank.
Sie hat eine Grippe,
mit Fieber, Husten und Schnupfen.
Schon seit zwei Tagen
schläft Anne fast nur.
Wenn sie aufwacht,
tut ihr der Kopf weh.
Und ihre Augen fühlen sich
merkwürdig an,
ungefähr wie glühende Kohlen.
»Hallo, Anne!«, sagt eine Stimme.
»Willst du nicht endlich aufwachen?«
Anne blinzelt.
Na, so was, da sitzt jemand an ihrem Bett
und kitzelt sie leicht am Ohr.
Anne reibt sich die schmerzenden Augen.
»Hallo«, sagt sie, »wer bist du denn?«
An ihrem Bett sitzt jemand

mit einer langen Nase.
Ist das Frau Dr. Brings,
die immer kommt,
wenn einer in der Familie krank ist?
Die fremde Frau kichert.
»Nein, ich bin nicht Frau Dr. Brings.
Ich bin die Hexe Xenia.
Ich habe dich beobachtet,
als du schliefst.«

»Fühl mal meine Stirn!«, sagt Anne.

»Die ist bestimmt ganz heiß.«

»Und ob«, antwortet die Hexe Xenia.

»Wir messen mal Fieber.«

Komisch, denkt Anne,

Xenia sieht aus wie Frau Dr. Brings.

Und sie hat auch die gleiche Tasche.

Doch ehe sie weiter nachdenken kann,

hat sie schon das Thermometer im Mund.

»So, nicht draufbeißen!«, mahnt Xenia.

Nach ein paar Sekunden

piept das Thermometer.

Xenia nimmt es und beugt sich darüber.

»Aha«, sagt sie, »38,5!

Du hast also Fieber.

Normalerweise liegt deine Temperatur

nur zwischen 36,7 und 37,3.

Mit 38,5 bist du eindeutig krank.«

»Hab ich doch gleich gesagt«,

murmelt Anne und

kriecht unter die Decke.

Fieber, denkt sie.

Was ist das eigentlich?

Wird mein Blut bei Fieber ganz heiß?

Fließt es dann wie ein feuriger Strom

durch meine Adern?

Was ist denn los in meinem Körper?

Was ist los, wenn ich krank bin?

Und wenn ich gesund bin?

Anne seufzt und schließt ihre Augen.

Das sind viele Fragen

für einen schmerzenden Kopf!

Zu viele Fragen!
Anne schläft ein.
Langsam gelangt sie ins Land der Träume.
Da reitet die Hexe Xenia auf einem Besen
und winkt ihr zu.
In der Hand hält sie die braune Arzttasche.
Um den Kopf trägt sie ein buntes Tuch.
»Komm, Anne!«, ruft Xenia.
»Wir machen zusammen eine Reise.
Auf dem Besen durch deinen Körper!
Was hältst du davon?«
»Ja, prima!«, sagt Anne.
»Eine Reise durch meinen Körper
habe ich mir schon immer gewünscht!«
Schon sitzt sie hinter Xenia
auf dem Besen.

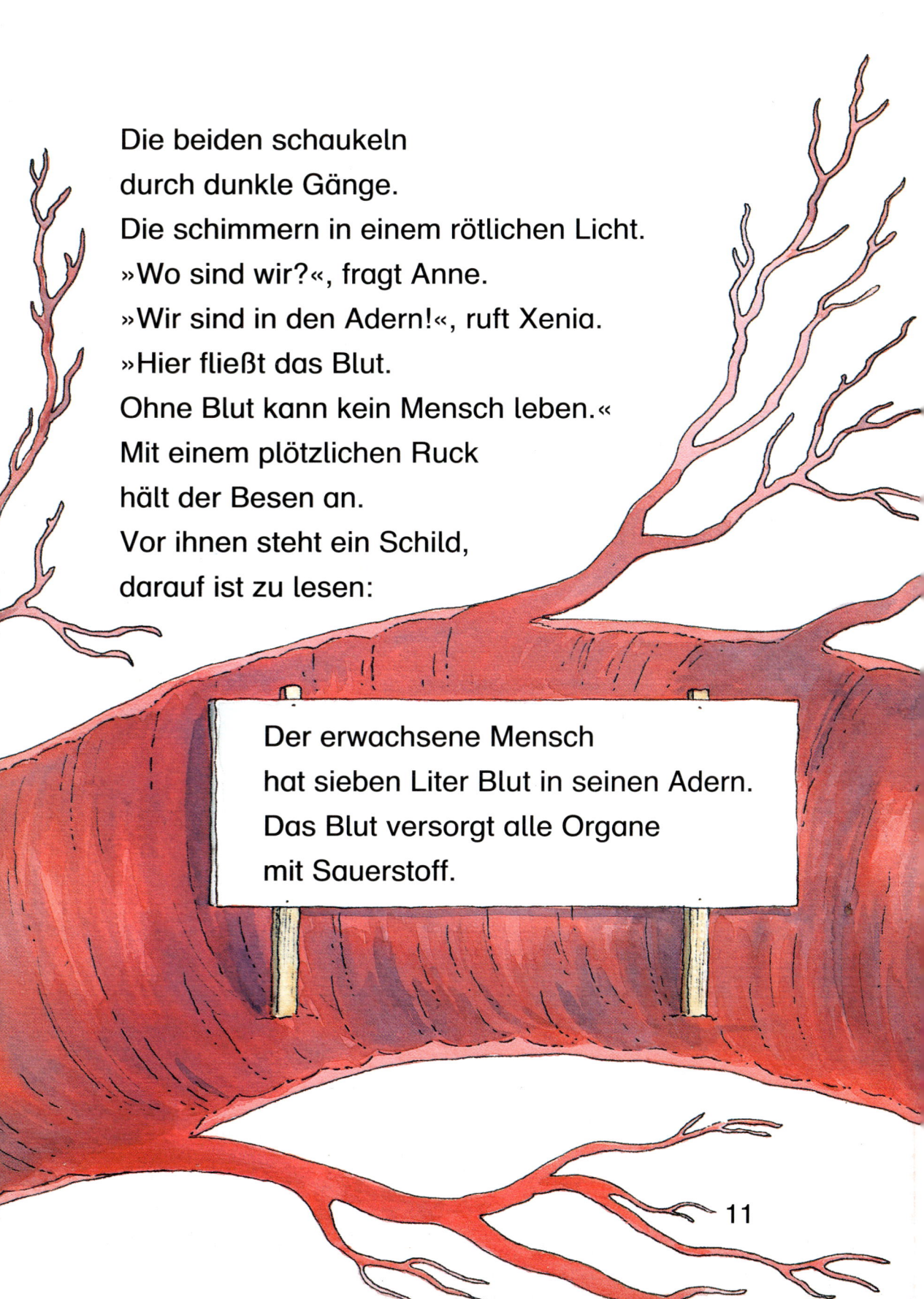

Die beiden schaukeln
durch dunkle Gänge.
Die schimmern in einem rötlichen Licht.
»Wo sind wir?«, fragt Anne.
»Wir sind in den Adern!«, ruft Xenia.
»Hier fließt das Blut.
Ohne Blut kann kein Mensch leben.«
Mit einem plötzlichen Ruck
hält der Besen an.
Vor ihnen steht ein Schild,
darauf ist zu lesen:

Der erwachsene Mensch
hat sieben Liter Blut in seinen Adern.
Das Blut versorgt alle Organe
mit Sauerstoff.

11

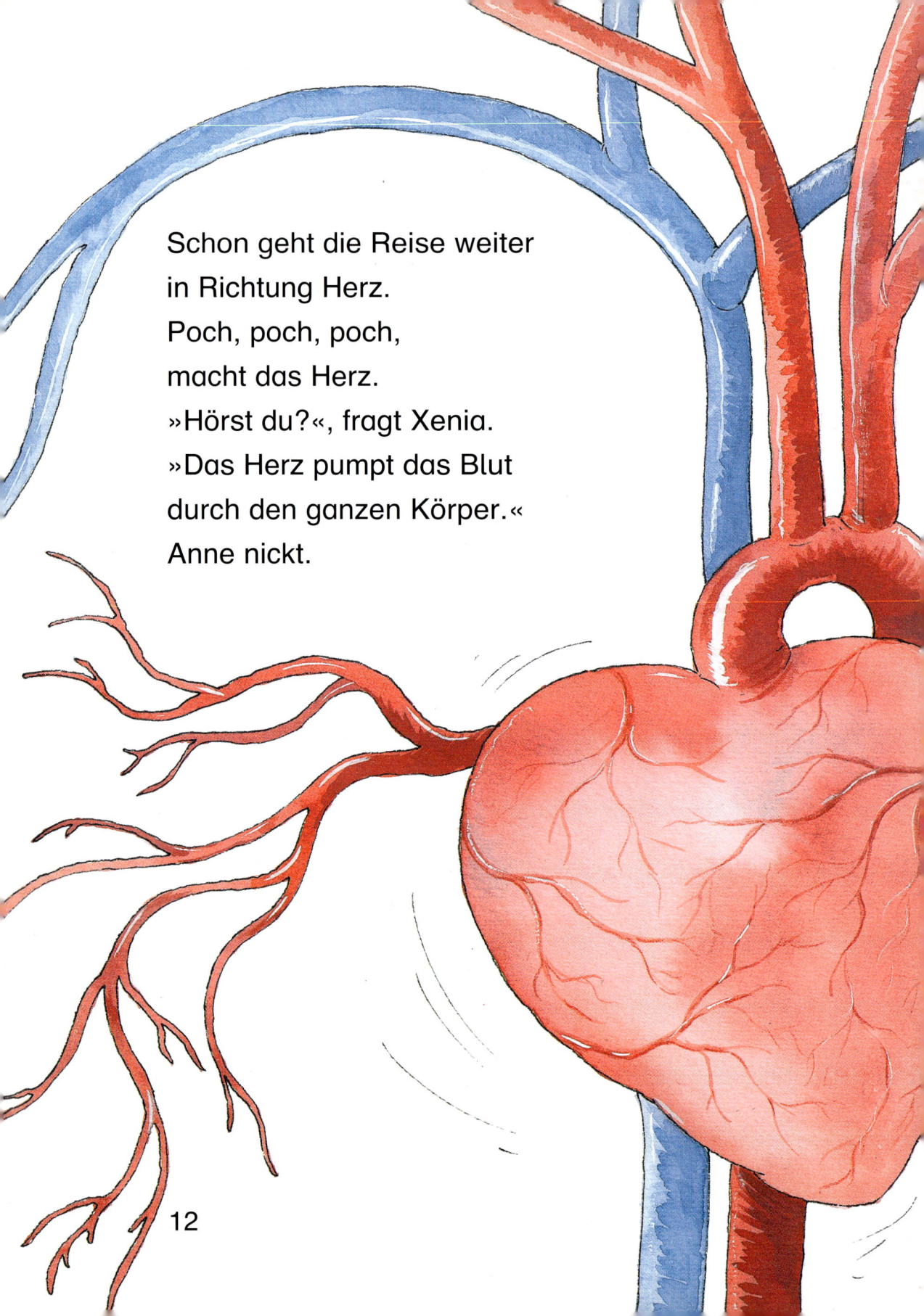

Schon geht die Reise weiter
in Richtung Herz.
Poch, poch, poch,
macht das Herz.
»Hörst du?«, fragt Xenia.
»Das Herz pumpt das Blut
durch den ganzen Körper.«
Anne nickt.

Die Knochen

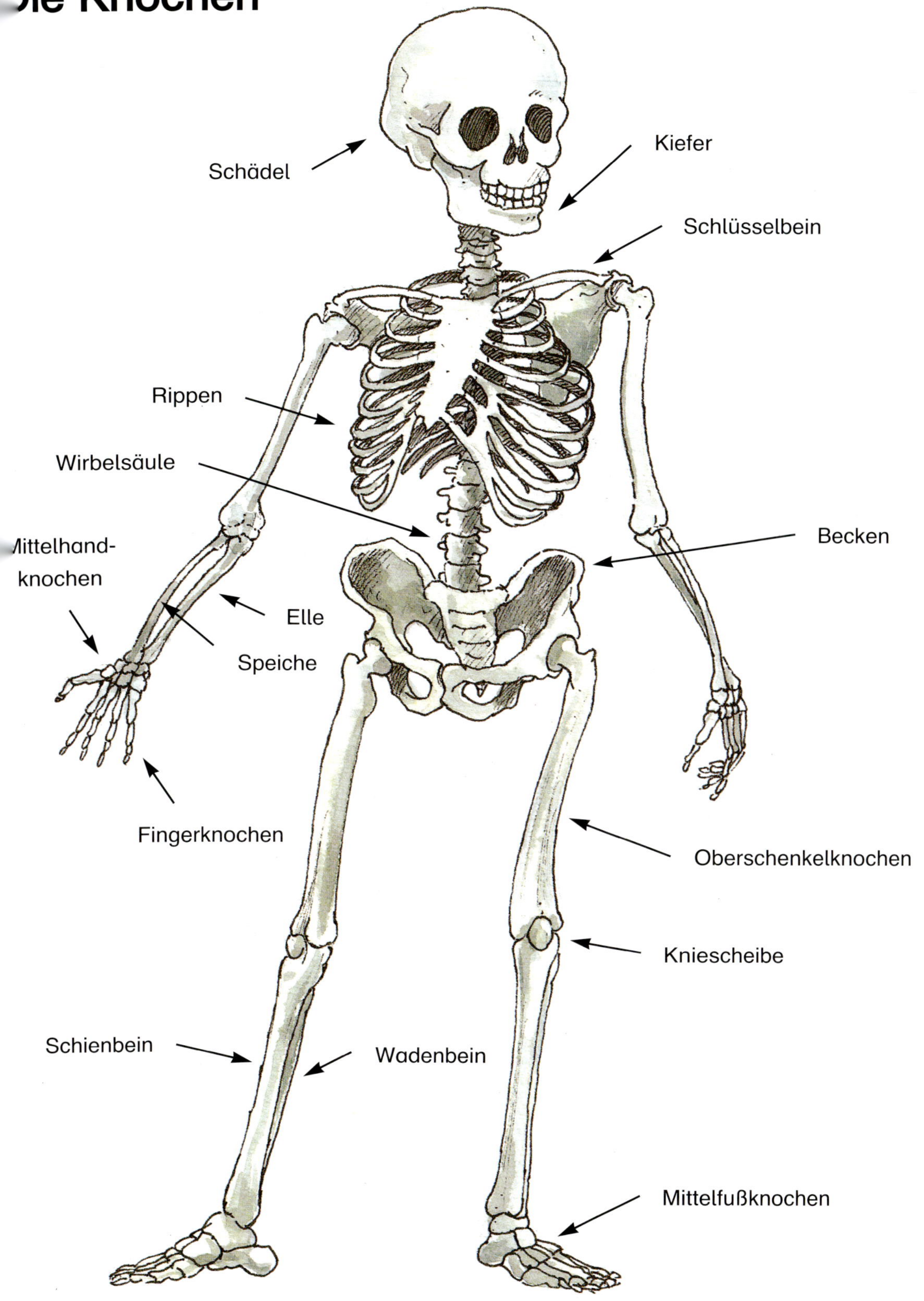

Schädel

Kiefer

Schlüsselbein

Rippen

Wirbelsäule

Becken

Mittelhand-knochen

Elle

Speiche

Fingerknochen

Oberschenkelknochen

Kniescheibe

Schienbein

Wadenbein

Mittelfußknochen

Die Muskeln

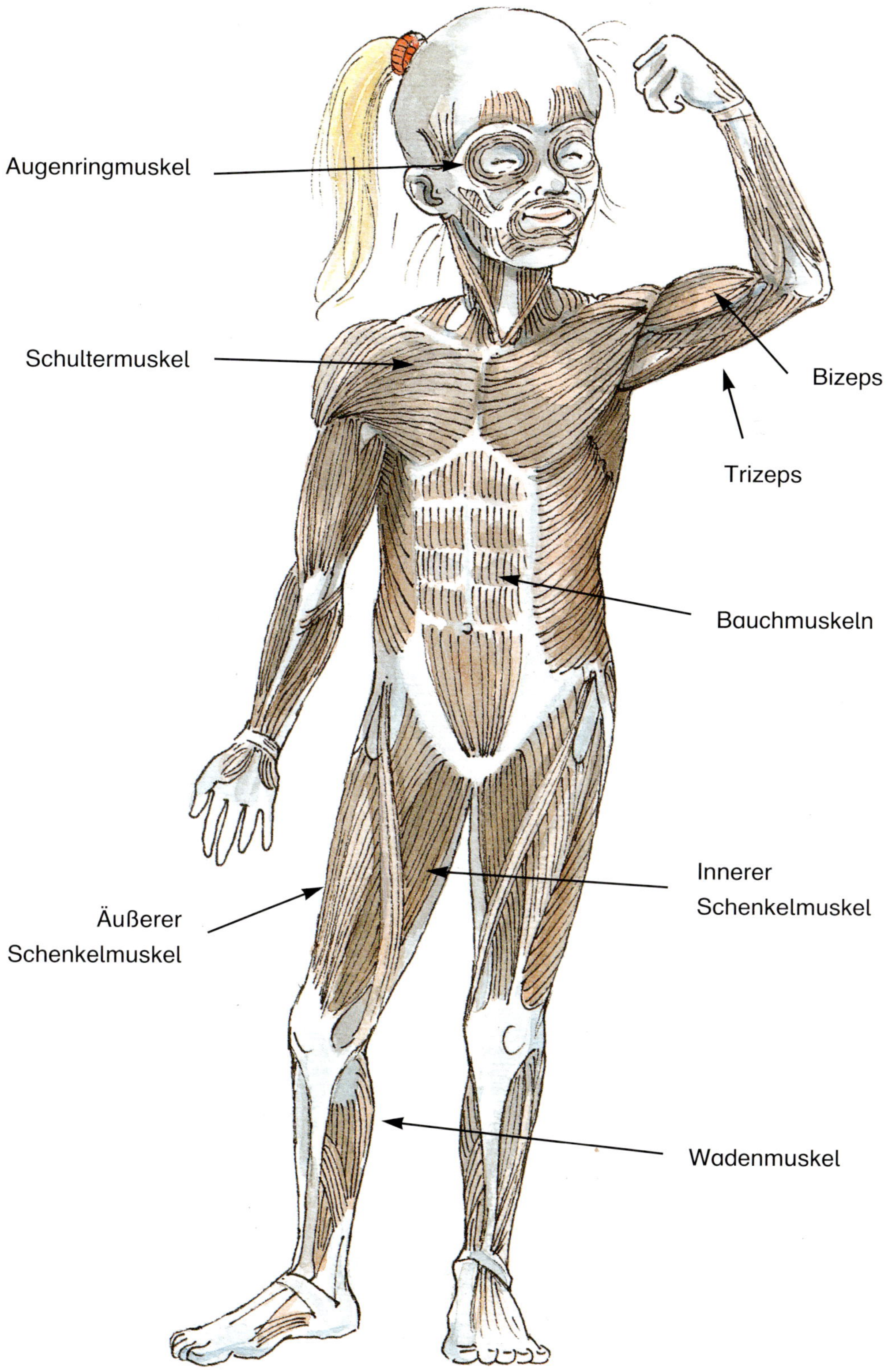

Augenringmuskel

Schultermuskel

Bizeps

Trizeps

Bauchmuskeln

Innerer Schenkelmuskel

Äußerer Schenkelmuskel

Wadenmuskel

»Siehst du?«, fragt Xenia.

»Das Herz ist so groß wie eine Faust.

Es besteht aus vier Kammern.

Die ziehen sich zusammen und

pumpen das Blut zum Herzen hinaus.«

Anne fragt:

»Wie lange ist das Blut unterwegs?«

»Das Blut hat es sehr eilig«, sagt Xenia.

»Es braucht weniger als eine Minute,

um einmal durch den Körper zu fließen.«

»Donnerwetter«, sagt Anne.

»Halt dich gut fest!«, ruft Xenia.

»Das war die erste Station.

Jetzt geht es weiter.«

13

»So viele Knochen!«, staunt Anne.

»Große und winzig kleine!«

»Ja«, nickt Xenia.

»Der größte ist der Oberschenkelknochen.«

Anne baut sich vor Xenia auf

wie ein kleiner Muskelprotz.

»Willst du mal fühlen?«, fragt sie stolz.

»Ich hab ganz tolle Knochen im Arm.«

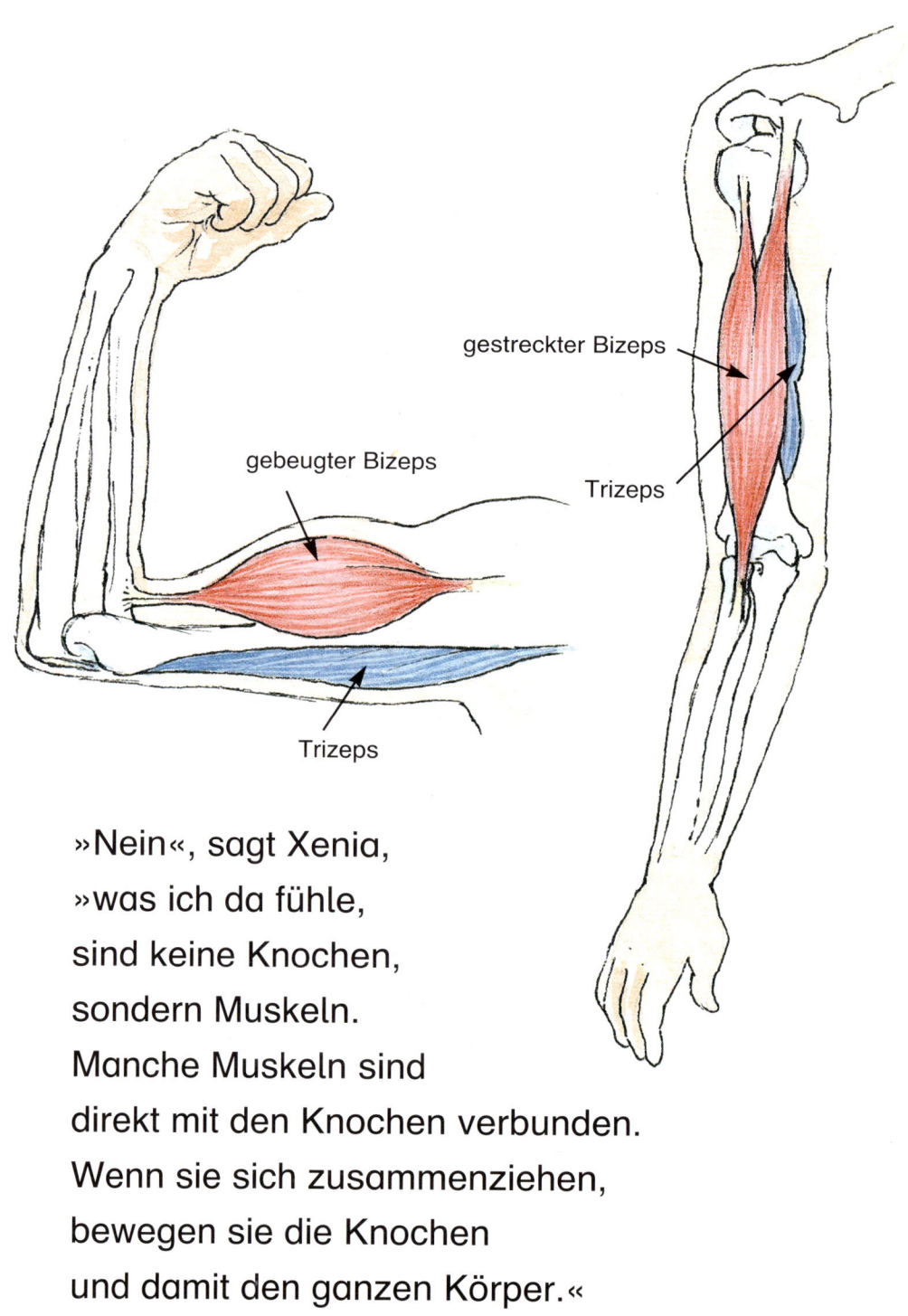

gestreckter Bizeps

Trizeps

gebeugter Bizeps

Trizeps

»Nein«, sagt Xenia,
»was ich da fühle,
sind keine Knochen,
sondern Muskeln.
Manche Muskeln sind
direkt mit den Knochen verbunden.
Wenn sie sich zusammenziehen,
bewegen sie die Knochen
und damit den ganzen Körper.«

»Zum Beispiel beim Turnen«, meint Anne.
»Ja, turnen ist wichtig«, nickt Xenia.
»Denn deine Muskeln
kannst du trainieren.
Wenn du das richtig machst,
werden sie dicker und stärker.«

Die Nerven und das Gehirn

»Weiter!«, ruft Anne.

»Jetzt will ich zur dritten Station.«

»Sofort«, sagt Xenia.

»Mein Besen ist kaum noch zu halten.

Jetzt reiten wir

zur Kommandozentrale des Körpers.

Jetzt reiten wir zum Gehirn.«

»Das hört sich aufregend an«, meint Anne.

»Schau mal, da steht schon ein Schild!«

Sie lesen gemeinsam:

Das Gehirn ist das Kontrollzentrum
für alle Funktionen des Körpers.
Es empfängt und sendet Signale.
Das Gehirn schläft nie.

»Ist das nicht toll?«, fragt Xenia.
»Wenn du etwas siehst, hörst, fühlst,
schmeckst oder riechst,
leiten die Nerven diese Signale
an dein Gehirn.
Und bevor du etwas tust,
gibt das Gehirn deinen Muskeln
den richtigen Befehl.«
Anne sieht Xenia ungläubig an.

»Was?
Das Gehirn befiehlt
meinen Muskeln,
was sie tun sollen?«
»Genau«, sagt die schlaue Hexe.
»Es besteht nicht umsonst
aus Milliarden von Nervenzellen.
Ohne dein Gehirn kannst du
weder essen noch schreiben noch spielen.«

»Und es muss sich wirklich nie ausruhen?«,
fragt Anne.
»Nein, wirklich nicht!
Sogar wenn du schläfst,
kontrolliert es deinen Atem
und deinen Herzschlag.«
Anne kichert.
»Jetzt sagt mir mein Gehirn,
dass ich mit dir schleunigst
zur vierten Station reiten soll.«
»In Ordnung!«, sagt Xenia.
»Dann gehorchen wir deinem Gehirn!«

Der Atem

»Oje«, seufzt Anne.
»Ich finde meinen Körper
ganz schön kompliziert!«
»Stimmt«, gibt Xenia ihr Recht.

»Übrigens, was du eben
beim Seufzen so laut ausgeatmet hast,
hat einen schwierigen Namen.
Es heißt Kohlendioxid.«
»Kohlen-was?«, fragt Anne.
»Koh-len-di-o-xid«,
wiederholt Xenia langsam.

»Menschen und Tiere atmen Sauerstoff ein
und Kohlendioxid aus.
Die Bäume und Pflanzen machen
aus Kohlendioxid Sauerstoff.«
»Was für ein Glück!«, ruft Anne.
»Sonst wäre ja eines Tages
kein Sauerstoff mehr da.«
»Stimmt«, sagt Xenia.
»Der menschliche Atem funktioniert
wie ein richtiger Kreislauf.

sauerstoff

Kohlendioxid

Wenn du ganz tief einatmest,
merkst du,
wie sich dein Brustkorb dehnt.«
Anne atmet tief ein
und hält dabei eine Hand
auf den Brustkorb.
»Sitzt da meine Lunge?
Es fühlt sich an wie ein Luftballon,
den man aufpustet.«
Xenia nickt.

»Die Lunge ist
in diesem Augenblick voll Luft.
Wenn du dann ausatmest,
merkst du,
wie der Brustkorb wieder flacher wird.«

Anne nickt.
»Pass auf!«, ruft sie dann.
»Jetzt wären wir fast
an dem Schild vorbeigeritten.«
»Dann lies mal«,
sagt Xenia.
»Da steht was über die Lunge.«

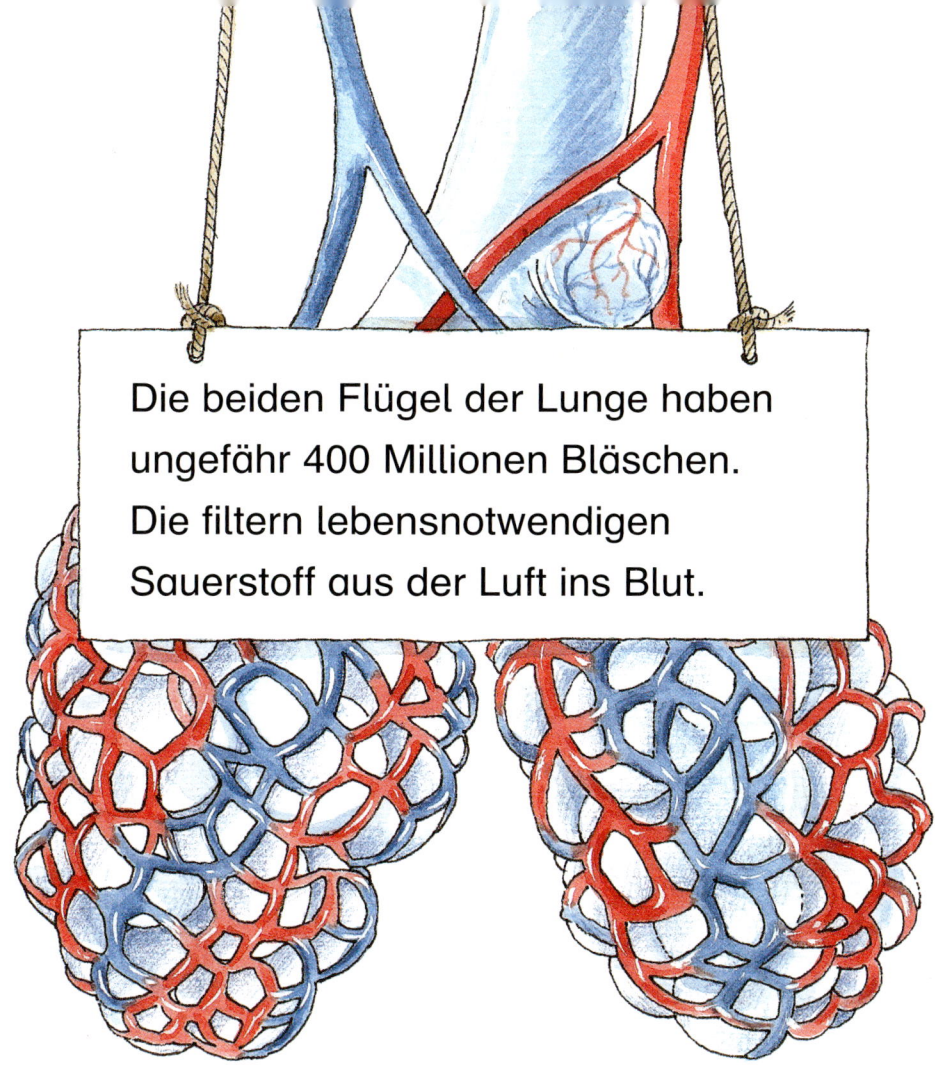

Die beiden Flügel der Lunge haben
ungefähr 400 Millionen Bläschen.
Die filtern lebensnotwendigen
Sauerstoff aus der Luft ins Blut.

»Klar«, sagt Anne.
»Und das Blut versorgt dann
den ganzen Körper mit Sauerstoff.«
Sie atmet tief ein.
»Jetzt können wir weiterreiten«, meint sie.
»Ich habe noch mal tüchtig
Sauerstoff getankt.«

Der Weg der Nahrung

»Was hältst du von einer kleinen Pause?«,
fragt Xenia.
»Ich habe ein paar leckere Sachen
in meiner Tasche.«
Anne ist ganz begeistert.
Sie bekommt einen Apfel
und ein belegtes Brot.

Auch Xenia beißt herzhaft in einen Apfel.
Mit vollem Mund spricht sie weiter:
»Schmeckt gut und macht satt!
Was wir essen,
wandert übrigens in den Magen.«

»Ja, ich weiß!
Durch die Speiseröhre!«,
ruft Anne.
Xenia nickt.
»Im Magen verwandelt sich
die Nahrung in einen flüssigen Brei.
Der rutscht durch
eine Öffnung in den Dünndarm.«
»Hört sich ja ekelhaft an«, meint Anne.
»Ist aber lebenswichtig«, erklärt Xenia.

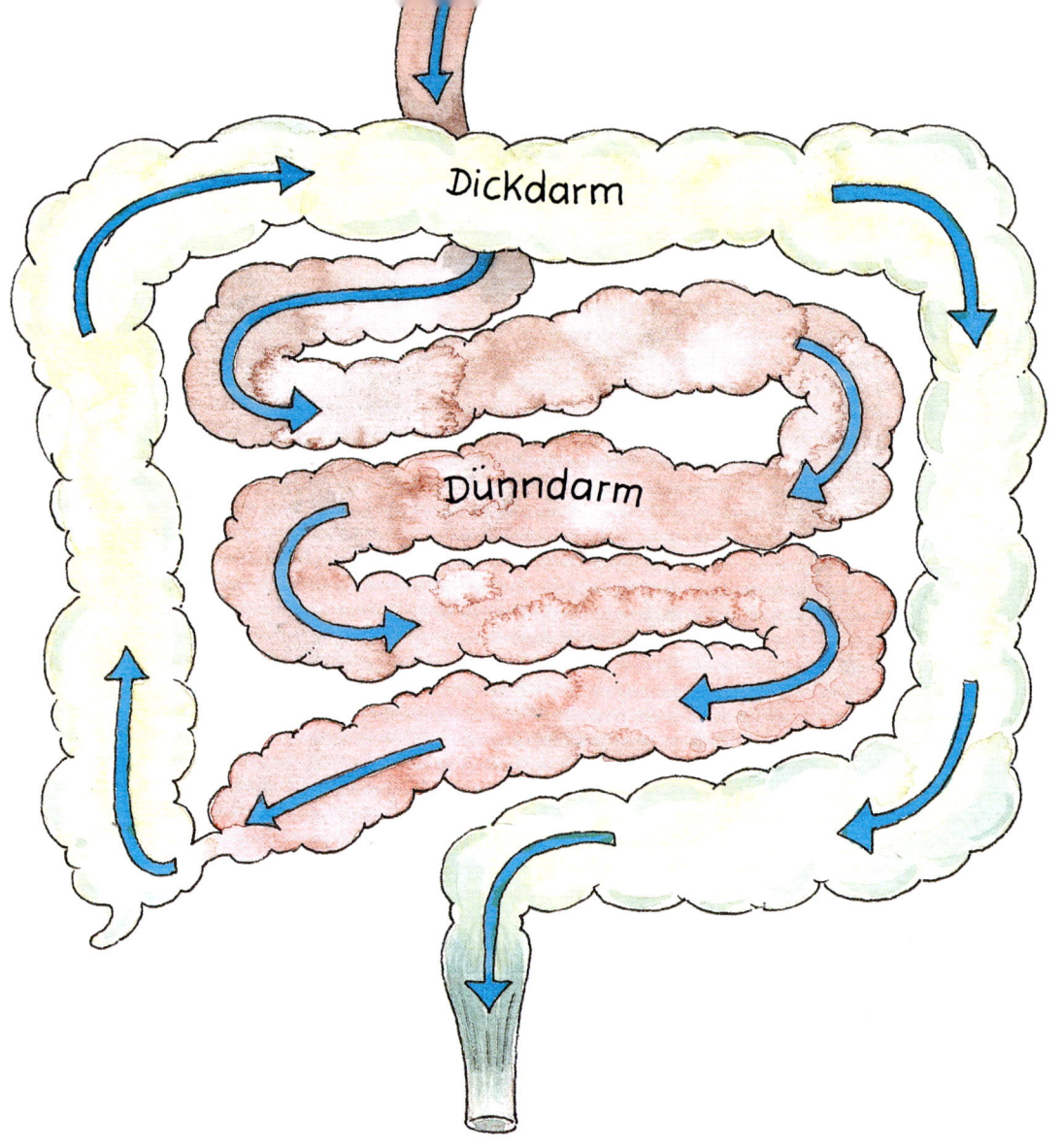

»Der Dünndarm sieht aus
wie ein Schlauch mit vielen Windungen.
Er zerlegt den Nahrungsbrei
in noch kleinere Teile und schleust sie
an viele verschiedene Stellen des Körpers,
die schon darauf warten.

Was der Dünndarm nicht verdauen kann,
rutscht weiter in den Dickdarm
und dann . . .«
»Hihi«, macht Anne, »ins Klo!
Reiten wir weiter?«
Xenia schüttelt den Kopf.
»Nein, wir müssen noch lesen,
was auf dem Schild steht.«
»In Ordnung«, sagt Anne und liest:

Jeder Körper braucht Nahrung,
und zwar feste und flüssige,
sogar wenn er schläft.
Nahrung schafft Energie.

Die Sinnesorgane

Schon sitzen Anne und Xenia
wieder auf dem Besen.
Hui, ein frischer Wind
pfeift ihnen entgegen.
Anne schaudert.
»Was ist los?«, fragt Xenia.
»Du hast ja eine Gänsehaut!«
»M-m-mir ist kalt«, bibbert Anne.

»Zieh deinen Schlafanzug eng um dich«,
sagt Xenia.
»Er hilft deiner Haut dich zu wärmen.«
»Meine Haut wärmt mich auch?«,
fragt Anne.
»Ja, sie schützt und wärmt dich«, erklärt Xenia.
»Sie besteht aus mehreren Schichten:
Oberhaut, Lederhaut und Unterhaut.
Alle drei umgeben den Körper
wie eine Schutzhülle.«

Haar

Pore

Tastkörper

Oberhaut

Lederhaut

Unterhaut

Adern

Schweißdrüse

Nerv

»Neulich bin ich
in eine Dornenhecke gefallen«,
erzählt Anne.
»Das tat ganz schön weh.«
»Klar tat das weh«, sagt Xenia.
»Die Haut ist nicht nur eine Schutzhülle,
sondern auch ein Sinnesorgan.
Winzig kleine Fühler ertasten,
was angenehm und unangenehm ist,
und leiten die Botschaft ans Gehirn.«

»Kapiert«, sagt Anne.
»Aber hat der Mensch
nicht noch mehr Sinnesorgane?«

Xenia nickt.

»Es sind insgesamt fünf:
die Haut, das Auge, das Ohr,
die Nase und die Zunge.«

»Stopp!«, ruft Anne.

»Da steht ein Schild!«

Sie liest:

Der Mensch fühlt mit der Haut,
er sieht mit dem Auge,
er hört mit dem Ohr,
er riecht mit der Nase
und schmeckt mit der Zunge.

Anne lacht.

»Ich liebe meine fünf Sinne.

Ich fühle das weiche Fell meiner Katze.

Ich sehe die bunten Farben.

Ich höre die Vögel zwitschern.

Ich rieche den Duft der Blüten.

Und ich schmecke das leckere Essen.«

Xenia lacht auch.

»Und was ist, wenn es mal stinkt?«

»Kein Problem«, sagt Anne.

»Dann halte ich mir einfach die Nase zu!«

Vom Schlafen

Mit einem überraschenden Plumps
liegt Anne wieder im Bett.
Die Hexe Xenia sitzt
mit der braunen Arzttasche
neben ihr auf der Bettkante und
sieht aus wie Frau Dr. Brings.
Anne gähnt.
Fast fallen ihr die Augen zu.
Sie fühlt sich ganz müde und schlapp.
Xenia zwinkert ihr zu:

»Ja, du brauchst deinen Schlaf.
Du hast schließlich
eine Menge erlebt und gesehen.
Und außerdem sollst du
bald wieder gesund werden.«
Anne kuschelt sich unter die Decke.
»Was muss ich denn tun,
wenn ich schlafe?«
»Gar nichts!«, sagt Xenia.
»Dein Körper darf sich ausruhen,
nur dein Gehirn arbeitet weiter.
Das merkst du daran,
dass du träumst.«

»Hoffentlich träume ich gleich
was Schönes«, murmelt Anne.
»Ganz bestimmt«, antwortet Xenia.
»Vielleicht träumst du von mir und
von allem,
was du mit mir erlebt hast.
Denn in deinen Träumen
verarbeitet dein Gehirn
die Erlebnisse und Eindrücke des Tages.«
»Und wenn ich aufwache,
geht es mir wieder gut?«, fragt Anne.
»Das wollen wir doch hoffen«,
meint Xenia zuversichtlich.
»Im Schlaf sammelst du Energie
für einen neuen Tag.«

45

Sie deckt Anne behutsam zu.
»Gute Nacht und gute Besserung!«,
flüstert sie.
Sie nimmt ihre Arzttasche
und schaltet das Licht aus.
Dann ist sie lautlos verschwunden.

Quiz rund um den Körper

Wenn du die Geschichte
von Anne und Xenia
sorgfältig gelesen hast,
kannst du diese Fragen
sicher leicht beantworten.
Die Antworten findest du
auf der nächsten Seite.

1. Wie viele Liter Blut
   hat ein erwachsener Mensch?
2. Welcher ist der längste Knochen?
3. Welches Organ ist
   die Kommandozentrale des Körpers?
4. Was filtert die Lunge aus der Luft?
5. Wodurch gelangt die Nahrung
   in den Körper?
6. Wie heißen die fünf Sinne?

1. Ein erwachsener Mensch hat sieben Liter Blut.
2. Der Oberschenkelknochen ist der längste Knochen im menschlichen Körper.
3. Die Kommandozentrale des Körpers ist das Gehirn.
4. Die Lunge filtert den Sauerstoff aus der Luft.
5. Die Nahrung gelangt durch die Speiseröhre in den Magen.
6. Sehen, Hören, Riechen, Schmecken und Tasten sind die fünf Sinne.

Und auf der Zeichnung unten siehst du, mit welcher Stelle der Zunge du was schmeckst.

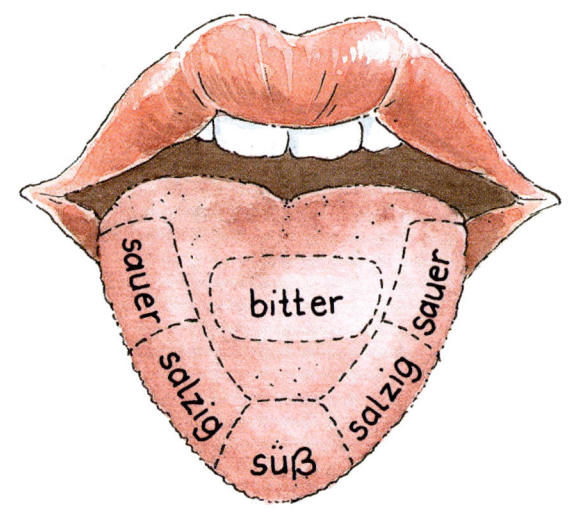